AF357237

DES DEVOIRS,

DE LA SUBORDINATION

ET DE

L'INDÉPENDANCE

DES OFFICIERS DE SANTÉ

DES ARMÉES.

PAR LE Bon DENNIÉE,

ANCIEN ORDONNATEUR ET INTENDANT EN CHEF D'ARMÉE,
MEMBRE DU COMITÉ DE LA CAVALERIE.

PARIS,

TYPOGRAPHIE DE FIRMIN DIDOT FRÈRES,

RUE JACOB, 56.

1848.

DES DEVOIRS,

DE LA SUBORDINATION

ET

DE L'INDÉPENDANCE

DES OFFICIERS DE SANTÉ (1)

DES ARMÉES.

Mon honorable ami le colonel Cerfbeer, député du Bas-Rhin, vient de publier une brochure *Sur la nécessité de constituer le corps des officiers de santé dans l'armée et pour l'armée.*

Je connais trop la loyauté du colonel Cerfbeer et la droiture de son esprit, pour ne pas être certain qu'il me saura gré de rectifier des assertions erronées, qui ont le grave inconvé-

(1) Voir le *Spectateur* du 1er mars prochain.

I.

nient de jeter une perturbation dangereuse dans l'un des services les plus importants de l'administration de la guerre, et d'égarer le jugement de ceux qui sont étrangers au sujet qu'il a traité.

Je m'autorise, dans cette dissertation, de l'expérience de quarante années d'exercice des fonctions d'ordonnateur et d'intendant en chef d'armée, et surtout des textes mêmes des règlements et des ordonnances invoqués par l'auteur, pour préciser l'action régulière de surveillance et de contrôle que l'intendance militaire est appelée à exercer sur toutes les parties du service hospitalier.

La brochure que nous avons sous les yeux traite un sujet d'une importance incontestable; mais elle le traite sous l'influence d'une préoccupation constante, je veux dire l'impatience de la subordination des officiers de santé à une autorité administrative. Toutefois, je me range complétement à l'opinion de l'auteur, quand il exprime (page 28) le désir qu'il soit procédé à une révision de la constitution du corps médical, et « *qu'une commission, composée d'officiers* « *généraux, de fonctionnaires de l'intendance et* « *de membres du conseil de santé, soit chargée* « *de ce travail,* » et, comme lui, je pense qu'il est de toute justice d'améliorer pécuniairement et honorifiquement la situation d'hommes dévoués à la science et à la conservation de leurs semblables. J'ajouterai que le corps de l'intendance sympathisera aux généreux efforts du colonel Cerfbeer.

Personne plus que moi ne porte à haute estime et grande considération le corps des officiers de santé, parce que j'ai constamment vu dans nos glorieuses campagnes, soit dans les grands hôpitaux, soit sur les champs de bataille d'*Austerlitz*, d'*Iéna*, d'*Eylau*, de *Friedland*, de la *Moskowa*, etc., les Percy, les Larey, les Desgenettes, et tant d'autres, dans des rangs inférieurs, bravant la mitraille et le fléau des épidémies.

Je ne crois pas que ces hommes de science et de dévouement ambitionnassent beaucoup les assimilations militaires. Quant à moi, je les regarde comme étant aussi peu nécessaires à la considération dont doit jouir ce corps recommandable, que nuisibles au libre exercice du contrôle de l'intendance.

Je ne vois, au surplus, aucun inconvénient à ce que MM. les membres du conseil de santé soient assimilés, en raison de l'importance de leurs fonctions, au grade d'officier général ; mais je ne saurais tirer (page 27) d'aucune des ordonnances citées, ni même du décret de la Convention nationale du 7 août 1793, la conséquence qu'à cette époque ils ont reçu cette assimilation, par cela seul que le tarif des rations leur en accordait un nombre égal à celui attribué aux généraux de brigade.

Je n'admets pas non plus, tout en reconnaissant l'utilité d'un remaniement de la constitution du corps de santé, que l'on puisse donner à penser que ce corps soit privé de récompenses honorifiques, quand, sur un effectif de 1324 officiers de santé, dont 460 *sous-aides*, on compte, 1 commandeur, 21 officiers, et 278 légionnaires, autrement dit, au delà du tiers.

Mais ce que je conteste, ce qu'il importe de rectifier, ce sont les citations incomplètes à l'aide desquelles on a cherché à prouver que l'intendance militaire s'est constamment attachée à abaisser, à dominer le corps des officiers de santé, par des empiétements et des envahissements successifs !

Il n'en est point ainsi.

Pour le démontrer, il suffira de reproduire fidèlement *et sans lacune* le texte même des lois, des ordonnances et des règlements qui ont été invoqués dans la brochure, et d'exposer dans sa simplicité l'action sagement pondérée de l'intendance militaire sur les diverses parties du service hospitalier.

L'ordonnance de 1777, citée page 27, a en

effet maintenu un médecin *inspecteur général;*
mais l'art. 5 est ainsi rédigé :

« *Les médecins et chirurgiens sont placés sous*
« *les ordres des commissaires des guerres.* »

Les art. 25, 30 et 32, définissent l'autorité
exercée par les commissaires des guerres, et
l'art. 36 se termine par ces mots :

« *Enjoint, Sa Majesté, aux commissaires des*
,« *guerres de faire observer tous les articles de la*
« *présente ordonnance.* »

Le règlement qui a suivi cette ordonnance
prescrit aux commissaires des guerres : « d'as-
« sister aux concours et examens, et leur enjoint
« de présider la distribution des prix. »

Enfin : « *Les commissaires des guerres étant*
« *les chefs immédiats de tous les officiers et em-*
« *ployés dans le service des hôpitaux dont ils ont*
« *la police, leur juridiction s'étend sur les trois*
« *parties qui constituent l'administration géné-*
« *rale, savoir : le service de santé, la police et*
« *la discipline.* »

Toutes les ordonnances antérieures et posté-
rieures qui ont été citées, développent et con-
firment les mêmes principes.

L'auteur dit (page 32) :

« Il n'existe aucune loi qui délègue à l'inten-
« dance le devoir de faire soigner le soldat ma-

« lade, et l'interpose pour cet objet entre le
« soldat et le commandement. »

Il est à regretter qu'ayant pris le soin minutieux de compulser les ordonnances, les règlements et les décrets depuis 1718, 1772, 1777, 1780, 1793, 1794, 1811, etc., etc., la loi constitutive du 28 nivôse an III, et l'instruction qui y est annexée, *avec force de loi*, aient échappé aux recherches de l'auteur.

Cette loi, non abrogée, est encore aujourd'hui le manuel de l'intendance; elle résume toutes les dispositions antérieures, et développe avec une admirable lucidité et avec la plus parfaite précision les devoirs du commissariat; en voici l'expression textuelle :

« Les fonctions des commissaires des
« guerres, tant dans l'intérieur qu'aux ar-
« mées, embrassent généralement tous les
« rapports de l'officier et du soldat, qui ne
« sont pas strictement relatifs aux opéra-
« tions de guerre; et même dans celles-ci
« les commissaires des guerres cessent bien-
« tôt de leur être étrangers, puisque c'est à
« eux de veiller à ce que les secours de toute

« espèce leur soient promptement adminis-
« trés pendant et après le combat (1). »

« Ainsi, soit dans son action, soit dans son
« repos, soit en santé, soit en maladie, l'homme
« de guerre est l'objet continuel de l'attention
« des commissaires des guerres. . . . .
« La police particulière de chaque hôpital
« appartient aux commissaires des guerres em-
« ployés, soit dans les places, soit aux armées.
« On entend par police des hôpitaux tous les
« ordres à donner pour *maintenir l'exactitude*
« *dans les visites, les pansements*, les distribu-
« tions, la propreté dans les cours, dans les
« salles, dans tous les emplacements destinés au
« service, comme la cuisine, la pharmacie, la
« tisannerie; enfin le bon ordre parmi tous les
« individus de l'hôpital. »
Nous nous abstiendrons de reproduire les
termes du décret du 30 floréal an IV, du règlement du 24 thermidor an VIII, du décret impé-
rial du 30 novembre 1811, des ordonnances

(1) Article 36 de l'ordonnance du 31 mai 1832 sur le
service des troupes en campagne : « Les intendants et sous-
« intendants militaires sont responsables du service de
« santé ; ils sont chargés de la réunion des moyens de se-
« cours, avant et pendant l'action. Ils doivent s'occuper
« assidûment de ces soins importants, etc. . . . . »

qui, sous la restauration, ont maintenu les at-
tributions du commissariat des guerres, c'est-à-
dire de l'intendance; et surtout de nous appuyer
sur le règlement du 1er avril 1831, aussi bien que
sur les dispositions subséquentes, que la brochure, dans l'ignorance des véritables principes
d'ordre et de bonne administration du service
intérieur des hôpitaux, taxe d'empiétement,
d'envahissement, voire même d'usurpation.

Nous ne terminerons point sans compléter
une citation dont il importe *de ne pas laisser le
sens incertain.*

Il est dit (page 44):

« Le comité d'infanterie et de la cavalerie, qui
« comptait parmi ses membres deux intendants
« militaires : *MM. Denniée et de la Neuville,*
« ayant été consulté en 1835 (*avis du 10 octo-
« bre*), a admis l'assimilation au grade de maré-
« chal de camp, pour messieurs les membres du
« conseil de santé. »

La précaution avec laquelle cet article est in-
tercalé dans la brochure, pourrait faire supposer
que les comités réunis de l'infanterie et de la
cavalerie entendaient, comme l'auteur, que le
service de santé n'eût d'autre chef que le commandement militaire.

C'est exactement le contraire.

L'opinion unanime de neuf lieutenants généraux (1) se révèle dans le considérant de l'avis du comité, dont voici le texte complet :

« Considérant qu'il importe..............

« Tout en *respectant et fortifiant même le prin-* « *cipe de la subordination* des officiers de santé à « l'égard des officiers de l'intendance militaire « dans le ressort administratif desquels ils se « trouvent placés. »

Ce qui précède ne prouve qu'une chose : à savoir, que de tout temps messieurs les officiers de santé ont été placés sous la police administrative du commissariat des guerres ou de l'intendance qui lui a succédé.

CONCLUSION.

On lit, page 22 :

« Le sort des officiers de santé est livré à l'ar- « bitraire de fonctionnaires qui cumulent le « contrôle des matières et des denrées avec le « commandement d'hommes spéciaux. »

Et plus loin, page 24 :

« Il importe de soustraire la médecine mili- « taire à l'omnipotente suprématie de l'inten- « dance. »

(1) Semellé, Cavaignac, Subervie, de Villiers, Vasserot, Gentil Saint-Alphonse, Schneider, Schramm.

Si l'auteur avait feuilleté avec une persévérance plus attentive une seule des ordonnances dont il a prodigué les citations, il aurait évité l'erreur dans laquelle il est tombé.

Si la connaissance intime qu'il possède des règlements sur l'administration des corps de troupe de toutes armes avait plus heureusement servi ses souvenirs, il n'aurait pas manqué de reconnaître que messieurs les officiers de santé employés dans les hôpitaux sont, à l'égard de l'intendance, dans une situation identiquement la même que celle des majors, des capitaines trésoriers ou des capitaines d'habillement, et généralement de tout officier qui accomplit un devoir administratif.

En effet, les uns et les autres ont un double caractère :

Les uns, militaire et administratif ;

Les autres, un caractère scientifique et un caractère administratif.

A l'égard des premiers, messieurs les lieutenants généraux Inspecteurs d'armes sont les appréciateurs et les juges de leur mérite et de leurs qualités militaires, et les intendants et sous-intendants les appréciateurs de leur mérite administratif.

De là, les notes qui expriment leur opinion sur l'exactitude que messieurs les majors apportent dans la surveillance des diverses parties de l'administration des finances et du matériel des corps, comme aussi leur opinion sur la régularité des comptes et la fidélité de la gestion de messieurs les trésoriers et officiers d'habillement.

Or, il est à naître que la participation des fonctionnaires de l'intendance, dans l'appréciation des titres de ces officiers, ait soulevé la moindre objection ; nous dirons plus : messieurs les Inspecteurs généraux veulent bien prendre en considération les notes de l'Intendance.

A l'égard des officiers de santé, messieurs les inspecteurs du service de santé *sont les juges uniques* de l'instruction, des travaux et du mérite scientifique de ces officiers ; et les notes des fonctionnaires de l'Intendance n'ont d'autre objet que de faire connaître la manière de servir des officiers de santé attachés au service des hôpitaux dont ces fonctionnaires ont la police administrative ; ce qui s'entend de l'exactitude aux heures fixées par les règlements pour les visites, les pansements et les conférences ; de la conduite, de la moralité, de la tenue, de l'aptitude au service actif ou au service sédentaire.

Ainsi des notes spéciales pour des *services distincts* sont adressées à l'administration supérieure, et complètent par leur réunion les documents indispensables pour éclairer le ministre sur les mérites relatifs de chacun de messieurs les officiers de santé employés dans le service hospitalier.

Observant, surtout, que les notes scientifiques sont directement et exclusivement déférées au conseil de santé, auquel seul est réservée la formation du classement par ordre de mérite de messieurs les officiers de santé.

Nous conclurons, de ce qui précède, de ce qui ressort de l'esprit et de la lettre des règlements, que les rapports de messieurs les officiers de santé avec les fonctionnaires de l'intendance se définissent logiquement par ces trois mots :

DEVOIRS, SUBORDINATION, INDÉPENDANCE.

Baron DENNIÉE.